# Tobacco Store
# & Nine Other Poems

## by

*Pessoa by Me* Collection

Volume 2

Cover: Photo of the edition of the literary magazine
*Presenca* where the poem Tobacco Store - *Tabacaria* -
was first published in 1933.

Source for text in Portuguese: http://arquivopessoa.net/

# Tobacco Store and Other Nine Other Poems by Álvaro de Campos

By Fernando Pessoa writing as Álvaro de Campos

Bilingual Edition

Translated by Erick Messias 2023 ©

# Table of Contents

# Introducing Pessoa by Me

Something surprised me when I first read or heard about Fernando Pessoa while in America. The great poet was known mostly by his prose volume known as The Book of Disquiet. The great poems cited included "Salutation to Walt Whitman" and "Maritime Ode."

Where was the poet and the poets, Caeiro, Campos and Reis? And where were lines such as "the poet is a sham" or "I am nothing, I will never be but nothing. I can't wish but to be nothing. Aside from this, I have in me every dream in the world" or "To be great, be whole" or "To think of God is to disobey God," - lines that I could find in my memory after all those years?

I then realized that to bring the Pessoa that populated my adolescence imagination I would have to look for those poems myself and thus this collection was created.

This is not an academic exercise, this is not professional translation, this is a work of love and *Saudade*. This is a way to introduce a Pessoa I met and left deep marks in my existence to my American children and friends. This is a way to collect the poems I encountered as an adolescent in Fortaleza in the 1990s and that have been with me since.

Erick Leite Maia de Messias

# I'm starting to know myself. I do not exist.

I'm starting to know myself. I do not exist.

I am the gap between what I want to be and what others made me into,

Or half that gap, because there is also life...

I am this, after all...

Turn off the light, close the door and stop the noise of slippers in the hallway.

Let me be in the room alone with the great peace of myself.

It's a cheap universe.

# All love letters are ridiculous

All love letters are

Ridiculous.

They wouldn't be love letters if they weren't

Ridiculous.

I too wrote love letters in my day,

Like the others,

Ridiculous.

Love letters, if there is love,

Have to be

Ridiculous.

But after all,

Only creatures who have never written

Love letters

Are

Ridiculous.

I wish back the days when I wrote

Without noticing

Love letters

Ridiculous.

The truth is that today

It is my memories

Of those love letters

That are

Ridiculous.

(All eccentric words,

Like eccentric feelings,

Are naturally

Ridiculous).


Oct 21, 1935

# POEM IN A STRAIGHT LINE

I've never met anyone who had been beaten.

Everyone I know has been champions in everything.

And I, so often lowly, so often piggish, so often vile,

I so often unanswerably parasite,

Inexcusably dirty,

I, who so often haven't had the patience to shower,

I, who have so often been ridiculous, absurd,

That I have publicly wrapped my feet in the mats of manners,

That I have been grotesque, petty, submissive and arrogant,

That I have suffered embarrassment in silence,

That when I haven't been silent, I've been even more ridiculous;

I, who have been comical to hotel maids,

I, who have felt the flirt of freight boys' eyes,

I, who have made financial shame, borrowed without paying,

I, who, when the time for the punch came, have crouched down,

Out of the possibility of the punch;

I, who have suffered the anguish of ridiculous little things,

I realize that I have no peer in all this in this world.


Everyone I know and who talks to me

Never had a ridiculous act, never suffered any trouble,

Was never anything but a prince — all of them princes — in his life...


I wish I could hear the human voice from someone

That should confess not a sin, but an infamy;

That spoke, not of violence, but cowardice!

No, they are all the Ideal, if I listen to them and if they talk to me.

Who is there in this wide world who confesses to me that he was once vile?

O princes, my brothers,


Come on, I'm tired of demigods!

Where is there people in the world?


So am I the only one who is vile and wrong on this earth?


Maybe women didn't love them,

Maybe they  have been betrayed — but never ridiculous!

And I, who have been ridiculous without having been betrayed,

How can I talk to my superiors without hesitation?

I, who have been vile, literally vile,

Vile in the petty and infamous sense of vileness.

# BIRTHDAY

In those days when they celebrated my birthday,

I was happy and no one was dead.

In the old house, even my birthday was a centuries-old tradition,

And everyone's joy, and mine, was in accord to some religion.


In those days when they celebrated my birthday,

I had the great health of not understanding anything,

Of being clever among the family,

And of not having the hopes that others had for me.

When I came to have hopes, I no longer knew how to have hopes.

When I came to look at life, I had lost the meaning of life.

Yes, what I supposed myself to be,

What I was of heart and kinship,

What I was of half-province evenings,

What I was when they loved me and I was a boy.

What I was - oh, my God, what I only know I was today...

From this distance!

(I don't even think so...)

In those days when they celebrated my birthday!

What I am today is like the damp in the hallway at the
end of the house,

Putting grime on the walls...

What I am today (and the house of those who loved me
trembles through my tears),

What I am today is that they sold the house.

They've all died,

I am surviving myself like a cold match…

In those days when they celebrated my birthday!

My love, like a person, those days!

The material desire of the soul to meet there again,

Through a metaphysical and carnal journey,

With a duality of me to myself...

Eating the past like hungry bread, with no time to butter my teeth!


I see everything again with a clarity that blinds me to what's here...

The table set with more places, with better designs on the dishes, with more glasses,

The sideboard with lots of things - sweets, fruit, the rest in the shade under the board,

The aunts old, the cousins different, and it was all because of me,

In those days when they celebrated my birthday…


Stop, my heart!

Don't think! Leave the thinking in the head!

Oh my God, my God, my God!

Today I no longer have birthdays.

It's hard.

The days add up.

I'll be old when I am.

That's all.

I'm angry that I didn't have the past stolen in my pocket!...


In those days when they celebrated my birthday…

Oct, 15 1929

# What's in me is mostly weariness

What's in me is mostly weariness -

Not of this or that,

Not even of everything or anything:

Weariness itself,

Weariness.


The subtlety of useless sensations,

The violent passions for nothing,

The intense love for what is supposed in someone,

All these things -

These and what is eternally lacking in them -;

All this makes one weariness,

This weariness,

Weariness

There are undoubtedly those who love the infinite,

There are undoubtedly those who desire the impossible,

There are undoubtedly those who want nothing -

Three kinds of idealists, and I am none of them:

Because I infinitely love the finite,

Because I impossibly desire the possible,

Because I want everything, or a little more, if it can be,

Or even if it can't be…

And the result?

For them life lived or dreamed,

For them the dream dreamt or lived,

For them the average between everything and nothing,
that is, this...

For me only a great, a profound,

And, oh how blissfully unfruitful, weariness,

A supreme weariness,

Weary, weary, weary,

Weariness…

9-Oct-1934

# This old anguish

This old anguish,

This anguish that I've been carrying around for centuries,

Overflowed the vessel,

In tears, in great imaginings,

In nightmare-like dreams without terror,

In great sudden emotions that make no sense at all.


It overflowed.

I hardly know how to conduct myself in life

With this malaise wrinkling my soul!

If only I'd really go mad!

But no: it's this being in-between,

This almost,

This possibility that...,

This.

An asylum inmate is at least someone,

I'm an inmate in an asylum without an asylum.

I'm mad but cold,

I'm lucid and crazy,

I'm oblivious to everything and the same as everyone else:

I'm sleeping awake with dreams that are madness

Because they're not dreams

I'm like this…

Poor old house of my lost childhood!

Who'd have said I'd be so lost?

What's wrong with your boy? He's crazy.

What about those who slept peacefully under your provincial roof?

He's crazy.

Who was I? He's crazy. Today that's who I am.


If only I had some kind of religion!

For example, that charm

That was in the house, brought from Africa.

It was ugly, grotesque,

But in it was the divinity of everything you believe in.

If I could believe in any charm -

Jupiter, Jehovah, Humanity -

Any would do,

For what is everything but what we think of everything?


Crack, heart of painted glass!

16-June-1934

# If you want to kill yourself, why don't you want to kill yourself?

If you want to kill yourself, why don't you want to kill yourself?

Use that! For I, who love death and life so much,

If I dared to kill myself, I'd kill myself too...

Ah, if you dare, dare!

What use is the successive picture of external images

We call the world?

The cinematography of hours played out

By actors of certain conventions and poses,

The polychrome circus of our endless dynamism?

What use is your inner world that you don't know?

Perhaps, by killing yourself, you'll finally get to know it...

Maybe, by ending, you'll begin...

And anyway, if you get tired of being,

Oh, tire yourself nobly,

And don't sing, like me, life into drunkenness,

Don't salute death in literature like me!

You would be missed? O futile shadow called people!

No one is missed; no one will miss you...

Everything will go on without you.

Perhaps it's worse for others that you exist than that you
kill yourself...

Perhaps you weigh more lasting than not lasting...

The sorrow of others? Are you sorry in advance

That they'll mourn you?

Rest easy: they won't cry for you...

The vital impulse erases tears little by little,

When they're not about our own things,

When they're from what happens to others, especially death,

Because it's the thing after which nothing happens to others…


First is the anguish, the surprise of the coming

The mystery and missing of your spoken life...

Then the horror of the visible, material coffin,

And the men in black who make a profession out of being there.

Then the family watching, inconsolable and telling jokes,

lamenting the pity of your death,

And you merely the occasional cause of that crying,

You truly dead, much deader than you think...

Much more dead here than you realize,

Even if you are much more alive beyond…

Then the tragic retreat to the grave,

And then the beginning of the death of your memories.

First, everyone feels a sense of relief

From the rather dull tragedy of having died...

Then the conversation turns to everyday life,

And everyday life quickens back to its day...

Then you are slowly forgotten.

You're only remembered on two anniversaries:

The day you were born, the day you died;

Nothing else, absolutely nothing else.

Twice a year they think of you.

Twice a year those who loved you sigh for you,

And once or twice they sigh if you happen to be mentioned.

Face yourself coldly, and face what we are coldly...

If you want to kill yourself, kill yourself...

Don't have moral scruples, fears of intelligence!...

What scruples or fears do the mechanics of life have?

What chemical scruples does the impulse that generates

The sap, and the circulation of blood, and love?

What memory of others does the joyful rhythm of life have?

Ah, poor flesh and blood vanity called man,

Can't you see that you are of absolutely no importance?

You're important to you, because you're what you feel.

You are everything to you, because you are the universe,

And the universe itself and the others

Satellites of your objective subjectivity.

You are important to you because only you are important to you.

And if you're like that, O myth, aren't others like that too?

Are you, like Hamlet, terrified of the unknown?

But what is known? What do you know?

So that you can call anything in particular unknown?

Do you, like Falstaff, have a greasy love of life?

If you love it materially, love it even more materially:

Become a carnal part of the earth and of things!

Disperse yourself, physical-chemical system

Of nocturnally conscious cells

By the nocturnal awareness of the unconsciousness of bodies,

Through the great not-covering-nothing blanket of appearances,

For the grass and weeds of the proliferation of beings,

Through the atomic mist of things,

Through the swirling walls

Of the dynamic vacuum of the world…

# When spring comes, If I'm already dead

When spring comes,

If I'm already dead,

The flowers will bloom just the same

And the trees will be no less green than last spring

Reality doesn't need me.

I feel enormous joy

Thinking that my death is of no importance whatsoever

If I knew that tomorrow I would die

And spring was the day after tomorrow,

I'd die happy, because it was the day after tomorrow.

If this is her time, when would she come if not in her time?

I like everything to be real and everything to be right;

And I like it because it would be so, even if I didn't like it.

So if I die now, I die happy,

Because everything is real and everything is right.


You can pray in Latin over my coffin if you like.

If you want, you can dance and sing around it.

I have no preferences for when I can no longer have preferences.

Whatever it is, when it is, is what it is.

# If, after I die, you want to write my biography

If, after I die, they want to write my biography,

Nothing could be simpler.

It only has two dates - the date of my birth and the date of my death.

Between the two, every day is mine.

I'm easy to define.


I looked intensely.

I loved things without any sentimentality.

I've never had a wish I couldn't fulfill, because I never lost my sight.

Even hearing was for me nothing more than an accompaniment to seeing

I understood that things are real and all different from each other;

I understood this with my sight, never with my thoughts.

To understand this with thought would be to think they were all the same.

One day I fell asleep like any child.

I closed my eyes and slept.

Besides this, I was nature's only poet.

# Tobacco store

I am nothing.

I will never be but nothing.

I can't wish but to be nothing.

Aside from this, I have in me every dream in the world.

Windows of my bedroom,

One out of millions of bedrooms

in the world that nobody

knows who it is

(and if they knew, what would they know?),

Overseeing the mystery of a street constantly filled with
people,

To a street impermeable to all thinking,

Real, impossibly real, certain, unknowingly certain,

With the mystery of things underlying rocks and beings,

With death adding humidity to the walls and gray hair
to men,

With fate driving this carriage of everything on the road
of nothing.

Today I am beaten, as if I knew the truth,

Today I am aware, as if I was about to die,

And no longer had the brotherhood of things.

Except a farewell,

Making this house, this side of the street

The line of cars in a train, and the departure sounding,

Inside my head,

And a jump of nerves and a crack of bones on the
move.

Today I am perplexed, like one who thought, and found
and forgot.

Today I am torn between the loyalty owed to the tobacco
store, as a real thing on the outside,

And the feeling of everything that is a dream, as a real thing on the inside.

I failed in everything.

As I had no goal,

Maybe everything was nothing.


The learning they gave me,

I got down from it by the back windows of the house.

I went to the field with major goals,

But there I only found weeds and trees,

And when there were people it was people like any other.

I set off the window, sit on a chair.

What should I think about?


What do I know about what I will be if I don't know what I am?

Be what I think? But I think so many things!

And there are so many that think themselves the same thing that cannot be that many!

Genius? In this very moment

One-hundred thousand brains think themselves geniuses like I.

And history will not remember, who knows? Not even one,

There will be nothing but manure out of these future conquests.

No, I don't believe in myself.

In all asylums there are madmen with so many certitudes!

I, who has no certitude, am I more right, or less?

No, no even me…

In how many mansards and non-mansards in the world

Aren't geniuses-for-themselves dreaming?

How many lofty and noble and lucid aspirations -

And who knows doable,

Will never see the light of the day, nor find ears among the people?

The world is for those born to conquer.

Nor for those dreaming of conquest, even when right.

I've been dreaming more than Napoleon did.

I have held closer to the hypothetical chest more mankind than Christ,

I've been philosophizing in secret that not even Kant wrote,

But I am, and maybe always will be, the one on the mansard,

Even not living in it;

I will always be *the one who was not born for this*;

Always the one who only *had qualities*;

Always the one who waited for someone to open the door by a wall without a door.

And sung the song of Infinity in a field,

And heard God's voice in a buried well,

Believe in me? No, nor even in nothing.

Dumps on me Nature, over a hot head,

Its sun, its rain, the wind finding my hair,

And the rest, come if it may, or has to come, or don't come.

Cardiac slaves of stars,

We conquer the whole world before leaving bed;

But waking up and it's darkly,

Standing up and it is other's,

Leave home and it is the whole Earth,

Plus the solar system, and the Milky Way, and the Undefined.


(Eat chocolates, little one;

Eat chocolates!

See, there is no more metaphysics in the world but chocolates.

See, that all religions won't teach more than the candy store.

Eat, dirty one, eat!

If only I could eat chocolates with the same truth!

But I think and, once removing the silver paper, made of tin,

I lay all down on the ground, like I've laid down life.)


But at last remains, out of what I will never be

The quick calligraphy of these verses,

A broken door frame to the Impossible.


But at last I consecrate to myself a contempt without tears,

Noble at least in the big gesture with which I throw

This dirty cloth that I am, without care, to the course of things,

And remain at home, shirtless

(You, who consoles, who does not exist and thus consoles,

Or Greek goddess, conceived like a statue brought to life,

Or Roman patrician, impossibly noble and nefarious

Or princess of troubadours, gentle and colorful,

Or eighteenth century marchioness,

Opened and closed,

Or famous coquette of our parents' days,

Or something modern I don't know - can't conceive,

All this, be what it may, if it can inspire,

Let it inspire!

My heart is an emptied bucket.

Like those who conjure spirits conjure spirits I conjure myself and find Nothing.

From the window I see the street with absolute clarity.

I see the stores, I see the ways,

I see car passing by,

I see dressed living beings crossing each other,

I see dogs that do also exist

And all this weighs on me like the condemnation of an exile,

And all this is foreign, like all.)


I lived, studied, loved and even believed,

And today there is no beggar I don't envy just because it isn't me.

I look at each one of the rags and the wounds and the lies,

And I think: maybe you would never live or study or love or believe

(Because it is possible to make all this reality without doing any of it);

Maybe I just existed, like a lizard whose tail is cut off

And is a tail moving beyond the lizard?

I made myself into something unknown

And what I could have done with myself, I didn't.

The suit I wore was wrong.

They immediately knew me for who I wasn't and I didn't deny it, and I got lost.

When I wanted to take off the mask,

It was stuck in the face.

And when I took it off and saw myself in the mirror,

I had already grown old.

I was drunk, I no longer knew how to put on the suit I hadn't taken off.

I threw away the mask and slept in the locker room

Like a dog tolerated by management

Because it's harmless

And I will write this story to prove that I am sublime.

Musical essence of my useless verses,

I wish I could find you like something I would do,

And don't always stay in front of the Tobacco Store,

Stepping underfoot the awareness of existing,

Like a drunk tripping over a rug

Or a doormat that the gypsies stole and was worthless.

But the Tobacco Store Owner walked to the door and stayed at the door.

I look at him with the discomfort of my head barely turning.

And with the discomfort of the soul barely understanding.

He will die and I will die.

He will leave the sign, I will leave verses.

At a certain point, the sign will die too, the verses too.

After a certain point, the street where the sign was located will die,

And the language in which the verses were written.

The rotating planet on which all this took place will then die.

In other satellites of other systems, anything like people will continue to make things like verses and live under things like signs,

Always one thing facing another,

Always one thing as useless as the other,

Always the impossible as stupid as the real,

Always the mystery of the depths as certain as the mystery sleep of the surface,

Always this or always something else or neither one thing nor the other.

But a man entered the Tobacco Store (to buy tobacco?)

And plausible reality suddenly crashes down on me.

I stand up energetic, convinced, human,

And I intend to write these verses in which I say the opposite.

I light a cigarette as I think about writing them

And I taste the liberation of all thoughts in the cigarette.

I follow the smoke like my own route,

And I enjoy, in a sensitive and competent moment,

Freedom from all speculation

And the awareness that metaphysics is a consequence of being in a bad mood.


Then I lie back in the chair

And I keep smoking.

As long as Fate grants it to me, I will continue smoking.


(If I married my washerwoman's daughter
Maybe I would be happy.)

Given this, I get up from the chair. I go to the window.


The man left the Tobacco Store (putting change in his pants pocket?).

Ah, I know him; It's Esteban without metaphysics.

(The Tobacco Store Owner arrived at the door.)

As if by a divine instinct, Esteban turned and saw me.

He waved goodbye to me, I shouted Hi, Esteves!, and the universe

Rebuilt itself without ideal or hope, and the Tobacco Store Owner smiled.

\*\*\*

Source Poems / Portuguese

# Começo a conhecer-me. Não existo.

Começo a conhecer-me. Não existo.

Sou o intervalo entre o que desejo ser e os outros me fizeram,

Ou metade desse intervalo, porque também há vida...

Sou isso, enfim...

Apague a luz, feche a porta e deixe de ter barulho de chinelas no corredor.

Fique eu no quarto só com o grande sossego de mim mesmo.

É um universo barato.

# Todas as cartas de amor são ridículas

Todas as cartas de amor são

Ridículas.

Não seriam cartas de amor se não fossem

Ridículas.

Também escrevi em meu tempo cartas de amor,

Como as outras,

Ridículas.

As cartas de amor, se há amor,

Têm de ser

Ridículas.

Mas, afinal,

Só as criaturas que nunca escreveram

Cartas de amor

É que são

Ridículas.


Quem me dera no tempo em que escrevia

Sem dar por isso

Cartas de amor

Ridículas.


A verdade é que hoje

As minhas memórias

Dessas cartas de amor

É que são

Ridículas.


(Todas as palavras esdrúxulas,

Como os sentimentos esdrúxulos,

São naturalmente

Ridículas).


21-10-1935

# POEMA EM LINHA RECTA

Nunca conheci quem tivesse levado porrada.

Todos os meus conhecidos têm sido campeões em tudo.

E eu, tantas vezes reles, tantas vezes porco, tantas vezes vil,

Eu tantas vezes irrespondivelmente parasita,

Indesculpavelmente sujo,

Eu, que tantas vezes não tenho tido paciência para tomar banho,

Eu, que tantas vezes tenho sido ridículo, absurdo,

Que tenho enrolado os pés publicamente nos tapetes das etiquetas,

Que tenho sido grotesco, mesquinho, submisso e arrogante,

Que tenho sofrido enxovalhos e calado,

Que quando não tenho calado, tenho sido mais ridículo
ainda;

Eu, que tenho sido cómico às criadas de hotel,

Eu, que tenho sentido o piscar de olhos dos moços de
fretes,

Eu, que tenho feito vergonhas financeiras, pedido
emprestado sem pagar,

Eu, que, quando a hora do soco surgiu, me tenho
agachado,

Para fora da possibilidade do soco;

Eu, que tenho sofrido a angústia das pequenas coisas
ridículas,

Eu verifico que não tenho par nisto tudo neste mundo.

Toda a gente que eu conheço e que fala comigo

Nunca teve um acto ridículo, nunca sofreu enxovalho,

Nunca foi senão príncipe — todos eles príncipes — na
vida...

Quem me dera ouvir de alguém a voz humana

Que confessasse não um pecado, mas uma infâmia;

Que contasse, não uma violência, mas uma cobardia!

Não, são todos o Ideal, se os oiço e me falam.

Quem há neste largo mundo que me confesse que uma vez foi vil?

Ó príncipes, meus irmãos,


Arre, estou farto de semideuses!

Onde é que há gente no mundo?


Então sou só eu que é vil e erróneo nesta terra?


Poderão as mulheres não os terem amado,

Podem ter sido traídos — mas ridículos nunca!

E eu, que tenho sido ridículo sem ter sido traído,

Como posso eu falar com os meus superiores sem titubear?

Eu, que tenho sido vil, literalmente vil,

Vil no sentido mesquinho e infame da vileza.

# ANIVERSÁRIO

No tempo em que festejavam o dia dos meus anos,

Eu era feliz e ninguém estava morto.

Na casa antiga, até eu fazer anos era uma tradição de há séculos,

E a alegria de todos, e a minha, estava certa com uma religião qualquer.


No tempo em que festejavam o dia dos meus anos,

Eu tinha a grande saúde de não perceber coisa nenhuma,

De ser inteligente para entre a família,

E de não ter as esperanças que os outros tinham por mim.

Quando vim a ter esperanças, já não sabia ter esperanças.

Quando vim a olhar para a vida, perdera o sentido da vida.

Sim, o que fui de suposto a mim mesmo,

O que fui de coração e parentesco,

O que fui de serões de meia-província,

O que fui de amarem-me e eu ser menino.

O que fui — ai, meu Deus!, o que só hoje sei que fui...

A que distância!...

(Nem o acho...)

O tempo em que festejavam o dia dos meus anos!


O que eu sou hoje é como a humidade no corredor do fim da casa,

Pondo grelado nas paredes...

O que eu sou hoje (e a casa dos que me amaram treme através das minhas lágrimas),

O que eu sou hoje é terem vendido a casa.

É terem morrido todos,

É estar eu sobrevivente a mim-mesmo como um fósforo frio…

No tempo em que festejavam o dia dos meus anos...

Que meu amor, como uma pessoa, esse tempo!

Desejo físico da alma de se encontrar ali outra vez,

Por uma viagem metafísica e carnal,

Com uma dualidade de eu para mim...

Comer o passado como pão de fome, sem tempo de manteiga nos dentes!

Vejo tudo outra vez com uma nitidez que me cega para o que há aqui...

A mesa posta com mais lugares, com melhores desenhos na loiça, com mais copos,

O aparador com muitas coisas — doces, frutas, o resto na sombra debaixo do alçado —,

As tias velhas, os primos diferentes, e tudo era por minha causa,

No tempo em que festejavam o dia dos meus anos...

Pára, meu coração!

Não penses! Deixa o pensar na cabeça!

Ó meu Deus, meu Deus, meu Deus!

Hoje já não faço anos.

Duro.

Somam-se-me dias.

Serei velho quando o for.

Mais nada.

Raiva de não ter trazido o passado roubado na
algibeira!...


O tempo em que festejavam o dia dos meus anos!...


15 de outubro de 1929

# O que há em mim é sobretudo cansaço

O que há em mim é sobretudo cansaço —

Não disto nem daquilo,

Nem sequer de tudo ou de nada:

Cansaço assim mesmo, ele mesmo,

Cansaço.

A subtileza das sensações inúteis,

As paixões violentas por coisa nenhuma,

Os amores intensos por o suposto em alguém,

Essas coisas todas —

Essas e o que falta nelas eternamente —;

Tudo isso faz um cansaço,

Este cansaço,

Cansaço.

Há sem dúvida quem ame o infinito,

Há sem dúvida quem deseje o impossível,

Há sem dúvida quem não queira nada —

Três tipos de idealistas, e eu nenhum deles:

Porque eu amo infinitamente o finito,

Porque eu desejo impossivelmente o possível,

Porque quero tudo, ou um pouco mais, se puder ser,

Ou até se não puder ser...

E o resultado?

Para eles a vida vivida ou sonhada,

Para eles o sonho sonhado ou vivido,

Para eles a média entre tudo e nada, isto é, isto...

Para mim só um grande, um profundo,

E, ah com que felicidade infecundo, cansaço,

Um supremíssimo cansaço,

Íssimo, íssimo, íssimo,

Cansaço...

9-Out-1934

# Esta velha angústia

Esta velha angústia,

Esta angústia que trago há séculos em mim,

Transbordou da vasilha,

Em lágrimas, em grandes imaginações,

Em sonhos em estilo de pesadelo sem terror,

Em grandes emoções súbitas sem sentido nenhum.

Transbordou.

Mal sei como conduzir-me na vida

Com este mal-estar a fazer-me pregas na alma!

Se ao menos endoidecesse deveras!

Mas não: é este estar entre,

Este quase,

Este poder ser que...,

Isto.

Um internado num manicômio é, ao menos, alguém,

Eu sou um internado num manicómio sem manicómio.

Estou doido a frio,

Estou lúcido e louco,

Estou alheio a tudo e igual a todos:

Estou dormindo desperto com sonhos que são loucura

Porque não são sonhos

Estou assim...

Pobre velha casa da minha infância perdida!

Quem te diria que eu me desacolhesse tanto!

Que é do teu menino? Está maluco.

Que é de quem dormia sossegado sob o teu tecto provinciano?

Está maluco.

Quem de quem fui? Está maluco. Hoje é quem eu sou.


Se ao menos eu tivesse uma religião qualquer!

Por exemplo, por aquele manipanso

Que havia em casa, lá nessa, trazido de África.

Era feiíssimo, era grotesco,

Mas havia nele a divindade de tudo em que se crê.

Se eu pudesse crer num manipanso qualquer —

Júpiter, Jeová, a Humanidade —

Qualquer serviria,

Pois o que é tudo senão o que pensamos de tudo?


Estala, coração de vidro pintado!

16-June-1934

# Se te queres matar, porque não te queres matar?

Se te queres matar, porque não te queres matar?

Ah, aproveita! que eu, que tanto amo a morte e a vida,

Se ousasse matar-me, também me mataria...

Ah, se ousares, ousa!

De que te serve o quadro sucessivo das imagens externas

A que chamamos o mundo?

A cinematografia das horas representadas

Por actores de convenções e poses determinadas,

O circo policromo do nosso dinamismo sem fim?

De que te serve o teu mundo interior que desconheces?

Talvez, matando-te, o conheças finalmente...

Talvez, acabando, comeces...

E de qualquer forma, se te cansa seres,

Ah, cansa-te nobremente,

E não cantes, como eu, a vida por bebedeira,

Não saúdes como eu a morte em literatura!


Fazes falta? Ó sombra fútil chamada gente!

Ninguém faz falta; não fazes falta a ninguém...

Sem ti correrá tudo sem ti.

Talvez seja pior para outros existires que matares-te...

Talvez peses mais durando, que deixando de durar...


A mágoa dos outros?... Tens remorso adiantado

De que te chorem?

Descansa: pouco te chorarão...

O impulso vital apaga as lágrimas pouco a pouco,

Quando não são de coisas nossas,

Quando são do que acontece aos outros, sobretudo a morte,

Porque é a coisa depois da qual nada acontece aos outros...

Primeiro é a angústia, a surpresa da vinda

Do mistério e da falta da tua vida falada...

Depois o horror do caixão visível e material,

E os homens de preto que exercem a profissão de estar ali.

Depois a família a velar, inconsolável e contando anedotas,

Lamentando a pena de teres morrido,

E tu mera causa ocasional daquela carpidação,

Tu verdadeiramente morto, muito mais morto que calculas...

Muito mais morto aqui que calculas,

Mesmo que estejas muito mais vivo além...

Depois a trágica retirada para o jazigo ou a cova,

E depois o princípio da morte da tua memória.

Há primeiro em todos um alívio

Da tragédia um pouco maçadora de teres morrido...

Depois a conversa aligeira-se quotidianamente,

E a vida de todos os dias retoma o seu dia...

Depois, lentamente esqueceste.

Só és lembrado em duas datas, aniversariamente:

Quando faz anos que nasceste, quando faz anos que
morreste;

Mais nada, mais nada, absolutamente mais nada.

Duas vezes no ano pensam em ti.

Duas vezes no ano suspiram por ti os que te amaram,

E uma ou outra vez suspiram se por acaso se fala em ti.

Encara-te a frio, e encara a frio o que somos...

Se queres matar-te, mata-te...

Não tenhas escrúpulos morais, receios de inteligência!...

Que escrúpulos ou receios tem a mecânica da vida?

Que escrúpulos químicos tem o impulso que gera

As seivas, e a circulação do sangue, e o amor?

Que memória dos outros tem o ritmo alegre da vida?

Ah, pobre vaidade de carne e osso chamada homem,

Não vês que não tens importância absolutamente nenhuma?

És importante para ti, porque é a ti que te sentes.

És tudo para ti, porque para ti és o universo,

E o próprio universo e os outros

Satélites da tua subjectividade objectiva.

És importante para ti porque só tu és importante para ti.

E se és assim, ó mito, não serão os outros assim?


Tens, como Hamlet, o pavor do desconhecido?

Mas o que é conhecido? O que é que tu conheces,

Para que chames desconhecido a qualquer coisa em especial?


Tens, como Falstaff, o amor gorduroso da vida?

Se assim a amas materialmente, ama-a ainda mais materialmente:

Torna-te parte carnal da terra e das coisas!

Dispersa-te, sistema físico-químico

De células nocturnamente conscientes

Pela nocturna consciência da inconsciência dos corpos,

Pelo grande cobertor não-cobrindo-nada das aparências,

Pela relva e a erva da proliferação dos seres,

Pela névoa atómica das coisas,

Pelas paredes turbilhonantes

Do vácuo dinâmico do mundo…

# Quando vier a Primavera, Se eu já estiver morto,

Quando vier a Primavera,

Se eu já estiver morto,

As flores florirão da mesma maneira

E as árvores não serão menos verdes que na Primavera passada

A realidade não precisa de mim.

Sinto uma alegria enorme

Ao pensar que a minha morte não tem importância nenhuma

Se soubesse que amanhã morria

E a Primavera era depois de amanhã,

Morreria contente, porque ela era depois de amanhã.

Se esse é o seu tempo, quando havia ela de vir senão no seu tempo

Gosto que tudo seja real e que tudo esteja certo;

E gosto porque assim seria, mesmo que eu não gostasse.

Por isso, se morrer agora, morro contente,

Porque tudo é real e tudo está certo.


Podem rezar latim sobre o meu caixão, se quiserem.

Se quiserem, podem dançar e cantar à roda dele.

Não tenho preferências para quando já não puder ter preferências.

O que for, quando for, é que será o que é.

# Se, depois de eu morrer, quiserem escrever a minha biografia

Se, depois de eu morrer, quiserem escrever a minha biografia,

Não há nada mais simples.

Tem só duas datas - a da minha nascença e a da minha morte.

Entre uma e outra cousa todos os dias são meus.

Sou fácil de definir.


Vi como um danado.

Amei as cousas sem sentimentalidade nenhuma.

Nunca tive um desejo que não pudesse realizar, porque nunca ceguei

Mesmo ouvir nunca foi para mim senão um acompanhamento de ver

Compreendi que as cousas são reais e todas diferentes umas das outras;

Compreendi isto com os olhos, nunca com o pensamento.

Compreender isto com o pensamento seria achá-las todas iguais.

Um dia deu-me o sono como a qualquer criança.

Fechei os olhos e dormi.

Além disso, fui o único poeta da Natureza.

# Tabacaria

Não sou nada.

Nunca serei nada.

Não posso querer ser nada.

À parte isso, tenho em mim todos os sonhos do mundo.

Janelas do meu quarto,

Do meu quarto de um dos milhões do mundo que ninguém sabe quem é

(E se soubessem quem é, o que saberiam?),

Dais para o mistério de uma rua cruzada constantemente por gente,

Para uma rua inacessível a todos os pensamentos,

Real, impossivelmente real, certa, desconhecidamente certa,

Com o mistério das coisas por baixo das pedras e dos seres,

Com a morte a pôr humidade nas paredes e cabelos
brancos nos homens,

Com o Destino a conduzir a carroça de tudo pela
estrada de nada.

Estou hoje vencido, como se soubesse a verdade,

Estou hoje lúcido, como se estivesse para morrer,

E não tivesse mais irmandade com as coisas.

Senão uma despedida, tornando-se esta casa e este
lado da rua

A fileira de carruagens de um comboio, e uma partida
apitada

De dentro da minha cabeça,

E uma sacudidela dos meus nervos e um ranger de
ossos na ida.

Estou hoje perplexo, como quem pensou e achou e
esqueceu.

Estou hoje dividido entre a lealdade que devo

A tabacaria do outro lado da rua, como coisa real por fora,

E a sensação de que tudo é sonho, como coisa real por dentro.

Falhei em tudo.

Como não fiz propósito nenhum, talvez tudo fosse nada.

A aprendizagem que me deram,

Desci dela pela janela das traseiras da casa.

Fui até o campo com grandes propósitos,

Mas lá encontrei só erva e árvores,

E quando havia gente era igual a outra.

Saio da janela, sento-me numa cadeira.

Em que hei de pensar?

Que sei eu do que serei,

Eu que não sei o que sou?

Ser o que penso? Mas penso ser tanta coisa!

E há tantos que pensam ser a mesma coisa que não pode haver tantos!

Genio? Neste momento

Cem mil cérebros se concebem em sonho génios como eu,

E a história não marcará, quem sabe? Nem um,

Nem haverá senão estrume de tantas conquistas futuras.

Não, não creio em mim.

Em todos os manicômios há doidos malucos com tantas certezas!

Eu, que nao tenho nenhuma certeza, sou mais certo ou menos certo?

Nao, nem em mim...

Em quantas mansardas e não-mansardas do mundo

Não estão gênios para si mesmos sonhando?

Quantas aspirações altas e nobres e lúcidas -

E quem sabe se realizáveis,

Nunca verão a luz do sol real nem acharão ouvidos de gente?

O mundo é para quem nasce para o conquistar.

E não para quem sonha que pode conquistá-lo, ainda que tenha razão.

Tenho sonhado mais que o que Napoleão fez.

Tenho apertado ao peito hipotético mais humanidades do que Cristo,

Tenho feito filosofias em segredo que nenhum Kant escreveu,

Mas sou, e talvez serei sempre, o da mansarda,

Ainda que não more nela;

Serei sempre *o que não nasceu para isso*;

Serei sempre só *o que tinha qualidades*;

Serei sempre o que esperou que lhe abrissem a porta ao pé de uma parede sem porta.

E cantou a cantiga do Infinito numa capoeira,

E ouviu a voz de Deus num poço tapado,

Crer em mim? Não, nem em nada.

Derrama-me a Natureza sobre a cabeça ardente

O seu sol, a sua chuva, o vento que me acha o cabelo,

E o resto que venha se vier, ou tiver que vir, ou não venha.

Escravos cardiacos das estrelas,

Conquistamos todo o mundo antes de nos levantar da cama;

Mas acordamos e ele é opaco,

Levantamo-nos e ele é alheio,

Saímos de casa e ele é a terra inteira,

Mais o sistema solar e a Via Lactea e o Indefinido.


(Come chocolates, pequena;

Come chocolates!

Olha que não há mais metafísica no mundo senão chocolates.

Olha que as religiões todas não ensinam mais que a confeitaria.

Come, pequena suja, come!

Pudesse eu comer chocolates com a mesma verdade com que comes!

Mas eu penso e, ao tirar o papel de prata, que é de folha de estanho,

Deito tudo para o chão, como tenho deitado a vida.)


Mas ao menos fica da amargura do que nunca serei

A caligrafia rápida destes versos,

Pórtico partido para o Impossível.

Mas ao menos consagro a mim mesmo um desprezo sem lágrimas,

Nobre ao menos no gesto largo com que atiro

A roupa suja que sou, sem rol, pra o decurso das coisas,

E fico em casa sem camisa.

(Tu, que consolas, que não existes e por isso consolas,

Ou deusa grega, concebida como estátua que fosse viva,

Ou patrícia romana, impossivelmente nobre e nefasta,

Ou princesa de trovadores, gentilíssima e colorida,

Ou marquesa do século dezoito, decotada e longínqua,

Ou cocote célebre do tempo dos nossos pais,

Ou não sei quê moderno — não concebo bem o quê —,

Tudo isso, seja o que for, que sejas, se pode inspirar que inspire!

Meu coração é um balde despejado.

Como os que invocam espíritos invocam espíritos invoco

A mim mesmo e não encontro nada.

Chego à janela e vejo a rua com uma nitidez absoluta.

Vejo as lojas, vejo os passeios, vejo os carros que passam,

Vejo os entes vivos vestidos que se cruzam,

Vejo os cães que também existem,

E tudo isto me pesa como uma condenação ao degredo,

E tudo isto é estrangeiro, como tudo.)


Vivi, estudei, amei e até cri,

E hoje não há mendigo que eu não inveje só por não ser eu.

Olho a cada um os andrajos e as chagas e a mentira,

E penso: talvez nunca vivesses nem estudasses nem amasses nem cresses

(Porque é possível fazer a realidade de tudo isso sem fazer nada disso);

Talvez tenhas existido apenas, como um lagarto a quem cortam o rabo

E que é rabo para aquém do lagarto remexidamente

Fiz de mim o que não soube

E o que podia fazer de mim não o fiz.

O dominó que vesti era errado.

Conheceram-me logo por quem não era e não desmenti, e perdi-me.

Quando quis tirar a máscara,

Estava pegada à cara.

Quando a tirei e me vi ao espelho,

Já tinha envelhecido.

Estava bêbado, já não sabia vestir o dominó que não tinha tirado.

Deitei fora a máscara e dormi no vestiário

Como um cão tolerado pela gerência

Por ser inofensivo

E vou escrever esta história para provar que sou sublime.

Essência musical dos meus versos inúteis,

Quem me dera encontrar-te como coisa que eu fizesse,

E não ficasse sempre defronte da Tabacaria de defronte,

Calcando aos pés a consciência de estar existindo,

Como um tapete em que um bêbado tropeça

Ou um capacho que os ciganos roubaram e não valia nada.

Mas o Dono da Tabacaria chegou à porta e ficou à porta.

Olho-o com o desconforto da cabeça mal voltada

E com o desconforto da alma mal-entendendo.

Ele morrerá e eu morrerei.

Ele deixará a tabuleta, eu deixarei os versos.

A certa altura morrerá a tabuleta também, os versos também.

Depois de certa altura morrerá a rua onde esteve a tabuleta,

E a língua em que foram escritos os versos.

Morrerá depois o planeta girante em que tudo isto se deu.

Em outros satélites de outros sistemas qualquer coisa como gente

Continuará fazendo coisas como versos e vivendo por baixo de coisas como tabuletas,

Sempre uma coisa defronte da outra,

Sempre uma coisa tão inútil como a outra,

Sempre o impossível tão estúpido como o real,

Sempre o mistério do fundo tão certo como o sono de mistério da superfície,

Sempre isto ou sempre outra coisa ou nem uma coisa nem outra.

Mas um homem entrou na Tabacaria (para comprar tabaco?)

E a realidade plausível cai de repente em cima de mim.

Semiergo-me enérgico, convencido, humano,

E vou tencionar escrever estes versos em que digo o contrário.


Acendo um cigarro ao pensar em escrevê-los

E saboreio no cigarro a libertação de todos os pensamentos.

Sigo o fumo como uma rota própria,

E gozo, num momento sensitivo e competente,

A libertação de todas as especulações

E a consciência de que a metafísica é uma consequência de estar mal disposto.


Depois deito-me para trás na cadeira

E continuo fumando.

Enquanto o Destino mo conceder, continuarei fumando.


(Se eu casasse com a filha da minha lavadeira
Talvez fosse feliz.)

Visto isto, levanto-me da cadeira. Vou à janela.

O homem saiu da Tabacaria (metendo troco na algibeira das calças?).

Ah, conheço-o; é o Esteves sem metafísica.

(O Dono da Tabacaria chegou à porta.)

Como por um instinto divino o Esteves voltou-se e viu-me.

Acenou-me adeus, gritei-lhe Adeus ó Esteves!, e o universo

Reconstruiu-se-me sem ideal nem esperança, e o Dono da Tabacaria sorriu.


\*\*\*

# About the authors: Fernando Pessoa - One and Many - by ChatGPT

Fernando Pessoa (1888-1935) in Lisbon, Portugal, is one of the most enigmatic and influential figures in the world of poetry and literature. He is celebrated for his profound and introspective works, which have left a mark on the literary landscape of the 20th century.

Pessoa's early life was marked by tragedy and loss. At the age of five, he lost his father, and shortly afterward, his family relocated to Durban, South Africa. There, he received an English education, which greatly influenced his writing. Pessoa returned to Portugal in 1905, and his early works reflect the duality of his cultural influences - Portuguese and English.

One of Pessoa's most remarkable literary achievements is the creation of heteronyms, distinct literary personalities with their own styles and perspectives. These heteronyms allowed him to explore diverse themes and emotions within his poetry and prose. The most famous of these heteronyms include Alberto Caeiro, a nature-loving poet; Ricardo Reis, a stoic poet inspired by classicism; Álvaro de Campos, a modernist poet; and Bernardo Soares, the author of "The Book of Disquiet," a deeply introspective and philosophical work.

Throughout his life, Pessoa's writings delved into themes of identity, existence, and the multifaceted nature of reality. His works, often characterized by their melancholic and existential tone, resonate with readers and critics alike. His poetry is marked by its introspection and exploration of the human condition, reflecting the uncertainty and flux of modern life.

Pessoa's literary career was not limited to poetry. He was an accomplished essayist, translator, and critic, contributing significantly to Portuguese literature. Despite his literary talents, Pessoa lived a relatively reclusive life, working as a freelance translator and collaborating with various literary magazines.

Pessoa died on November 30, 1935, at the age of 47, due to cirrhosis of the liver. In death, he left behind a treasure trove of unpublished works, which continue to be discovered and published to this day.

Fernando Pessoa's legacy endures through his profound and innovative body of work, which has inspired generations of poets and writers around the world. His ability to navigate the complexities of human existence and his unique approach to literature have solidified his place as one of Portugal's most celebrated literary figures and a global literary icon.

# Alvaro de Campos by ChatGPT

## Fernando Pessoa's Álvaro de Campos: A Multifaceted Literary Persona

Fernando Pessoa, the renowned Portuguese poet, is celebrated for his unique ability to embody a multitude of literary personas within his oeuvre. Among these, Alvaro de Campos stands out as one of the most complex and intriguing. Alvaro de Campos is a literary persona Pessoa created, distinct from himself, yet intimately connected to his own experiences and emotions. Through this character, Pessoa explores themes of modernity, identity, and existentialism, providing readers with a lens through which to examine the human condition.

Alvaro de Campos is often considered Pessoa's "heteronym," a term he used to describe the various fictional characters he employed in his writings, each with their own distinct voice, style, and personality. Alvaro de Campos, a naval engineer, is characterized by his restless and often contradictory nature. He is a poet of the modern age, reflecting the tumultuous and rapidly changing world of the early 20th century. This persona allows Pessoa to channel the disorientation and uncertainty that marked this era, making Campos a quintessential voice of the times.

One of the most striking features of Alvaro de Campos' poetry is its stylistic diversity. Pessoa uses this character to experiment with various poetic forms and techniques, from free verse to traditional sonnets. This diversity underscores the multifaceted nature of human existence and the fluidity of identity. Campos' poems can be both exuberant and melancholic, reflective and chaotic, mirroring the complexities of the human psyche.

One of the central themes explored through Alvaro de Campos' poetry is the concept of the "sensationist" experience. Campos is deeply attuned to the sensory world, and his poems often evoke vivid images and sensations. He revels in the immediacy of life, urging readers to embrace the present moment. However, beneath this celebration of sensation lies a sense of existential angst. Campos grapples with the transitory nature of existence, the fleetingness of pleasure, and the inevitability of death. In doing so, he embodies the modernist concern with the fragility and impermanence of life.

Another aspect of Alvaro de Campos' persona that makes him so compelling is his exploration of identity and self. Pessoa, through Campos, questions the authenticity of the self and the notion of a fixed, unchanging identity. Campos often expresses a sense of disconnection from himself and the world, as if he is constantly searching for meaning and purpose. This existential quest resonates with readers who, like

Pessoa, have grappled with questions of selfhood and existence.

In conclusion, Fernando Pessoa's creation of the literary persona Alvaro de Campos is a testament to his literary genius and his profound understanding of the human condition. Through Campos, Pessoa explores the complexities of modernity, identity, and existence, offering readers a rich and thought-provoking body of poetry. Alvaro de Campos serves as a vivid embodiment of the tumultuous early 20th century and continues to inspire readers to contemplate the ever-changing nature of the self and the world around us. Pessoa's ability to breathe life into such a multifaceted character is a testament to his enduring legacy in the world of literature.

# About this translation

This translation is my own version of Pessoa's poems
revisiting verses stuck in my memory for over 50 years -
half lived in Brazil/Portuguese, half lived in the
US/English. It is written for my American English
children and friends.

Paraphrasing Pessoa in the final lines of The Herd
Keeper poem 8:

*This is the story of my Fernando Pessoa.*
*Why is it that*
*It cannot be truer*
*Than whatever other translators think*
*And academics teach?*

Erick Messias is a Brazilian American physician and
translator.

Printed in Dunstable, United Kingdom